CHAMBRE DE COMMERCE
DE MARSEILLE

PROJET DE LOI

MODIFIANT

LA TAXE SUR LE CHIFFRE D'AFFAIRES

RAPPORT

PRÉSENTÉ PAR LA

Commission de Législation de la Chambre de Commerce

Et adopté par cette Compagnie, dans sa Séance du 26 septembre 1922

MARSEILLE
TYPOGRAPHIE ET LITHOGRAPHIE BARLATIER
17-19, Rue Venture, 17-19

1922

CHAMBRE DE COMMERCE

DE MARSEILLE

PROJET DE LOI

MODIFIANT

LA TAXE SUR LE CHIFFRE D'AFFAIRES

RAPPORT

PRÉSENTÉ PAR LA

Commission de Législation de la Chambre de Commerce

Et adopté par cette Compagnie, dans sa Séance du 26 septembre 1922

MARSEILLE

TYPOGRAPHIE ET LITHOGRAPHIE BARLATIER

17-19, Rue Venture, 17-19

1922

CHAMBRE DE COMMERCE DE MARSEILLE

EXTRAIT DU REGISTRE DES DÉLIBÉRATIONS

Séance du 26 septembre 1922

Tenue sous la présidence de M. Hubert GIRAUD

ET A LAQUELLE ONT ASSISTÉ :

MM. Hubert Giraud, président; Louis Imbert, vice-président; Adolphe Gouin, membre–secrétaire; Edgard David, membre-trésorier : J.-B. Dauphin, Lucien Arnaud, Philippe Rieu, Emile Lévy, Alfred Aubert, Joseph Druge, Jean-Marie Favre, Géo Budd, Louis Lisbonis, Maurice Hubert, Victor Lombard, soit 15 membres sur 24 en exercice dont se compose la Chambre.

M. Toussaint Merlat, membre-correspondant.

. . . .

Il est donné lecture, au nom de la Commission de Législation, du rapport suivant sur le *Projet de loi modifiant la taxe sur le chiffre d'affaires* :

Messieurs,

Un projet de loi modifiant la taxe sur le chiffre d'affaires a été voté par la Chambre des Députés et est soumis depuis le 8 juillet 1921 au Sénat. Sa discussion aura lieu sans doute à la rentrée prochaine, et le moment semble venu pour la Chambre de Commerce de Marseille de faire connaître son avis, ainsi d'ailleurs que notre Ministre des Finances, M. de Lasteyrie, l'a invitée à le faire.

Vous vous rappelez, Messieurs, que par délibération du 30 mars 1920, prise sur le rapport de M. Emile Lévy, notre

Compagnie avait émis un avis favorable au projet d'impôt sur le chiffre d'affaires « sous réserve qu'on n'oblige pas tous les contribuables à tenir une comptabilité compliquée et que les agents du fisc ne viennent pas à tous propos faire des recherches dans la comptabilité de chacun ».

Nous ne pensons donc pas que vous vouliez vous associer à la campagne entreprise dans certains milieux commerciaux pour demander l'abrogation de cette taxe. Sans parler du reproche de contradiction et de versatilité, à quoi nous nous exposerions, il nous paraît qu'une expérience de deux ans est vraiment bien courte pour jeter bas un impôt qui, quelque déception qu'ait donnée son rendement, rapportera sans doute plus de deux milliards au budget de 1922.

Par quoi d'ailleurs le remplacerait-on ?

Nous estimons donc préférable, sans revenir sur le principe même de la taxe, d'examiner les modifications qui pourraient être apportées dans son application.

***

Coopératives

Parmi les modifications proposées, nous ne saurions qu'approuver très vivement celle résultant de l'article 2 du projet qui soumet à la taxe sur le chiffre d'affaires les Groupements d'achats en commun, Syndicats agricoles et Sociétés Coopératives de consommation.

Cette extension est conforme au vœu exprimé par la délibération de notre Chambre du 26 octobre 1920. Elle mettra fin à une inégalité véritablement intolérable pour le commerce.

Exemptions de la taxe sur le chiffre d'affaires.
Affaires conclues avant le 1er juillet 1920.
Produits bruts importés.

L'article 3 étend les exemptions prévues par l'article 60 de la loi du 25 juin 1920.

Parmi ces exemptions, nous relevons avec une vive satisfaction celle des affaires conclues avant le 1er juillet 1920 dans la mesure toutefois où les marchandises ont été livrées et les services exécutés avant le 1er avril 1921.

C'est la thèse même que nous avions soutenue dans nos lettres du 16 décembre 1921 à MM. les Ministres du Commerce et des Finances.

L'article 3 réalise, en outre, une très importante modification en exonérant les affaires consistant dans la vente des produits végétaux, animaux ou minéraux importés à *l'état brut*, lorsque cette vente est effectuée par l'importateur lui-même et que les produits sont vendus dans *l'état où ils ont été importés.*

Cette mesure tend à donner satisfaction aux nombreuses réclamations qui s'étaient élevées dans l'intérêt des importateurs établis dans nos ports.

Avec les anciens textes, la marchandise étrangère achetée à un importateur établi en France payait à la fois la taxe d'importation (1,10 o/o) et la taxe sur le chiffre d'affaires à la première vente 1,10 o/o, soit en tout 2,20 o/o, alors que si elle était achetée directement à un vendeur établi au pays d'origine la taxe d'importation de 1,10 était seule appliquée. C'était donc favoriser les achats directs, ou par commissionnaire, à l'étranger, et désavantager les négociants importateurs établis dans les ports.

En supprimant la taxe sur la première vente du produit brut importé, le projet de loi rétablit l'équilibre. Que la marchandise soit importée par un vendeur établi à l'étranger ou par un vendeur établi en France, elle ne payera plus, en effet, que 1,10 o/o dans tous les cas.

Mais le législateur a-t-il été bien inspiré de limiter l'exemption de la taxe sur la première vente effectuée par l'importateur aux seuls produits bruts ?

Le Rapporteur de la Commission des Finances de la Chambre des Députés, M. Bokanowski, a justifié cette limitation en disant que les produits bruts sont les seuls sur lesquels portent les grands marchés qui font la prospérité de nos ports, et qu'il serait sans intérêt d'étendre l'exonération aux ventes d'objets fabriqués ou demi-finis, effectuées en France par des négociants importateurs « étant donné que ces objets n'ont pas un cours mondial comme les matières premières » (rapport Bokanowski du 24 mars 1921, Chambre des Députés, Annexe 2.392, page 1,147).

Nous estimons que ce raisonnement n'est pas tout à fait exact.

Les vins, les métaux, les sucres, pour ne prendre que ces quelques exemples qui sont familiers à Marseille, ne sont pas des produits bruts et forment cependant des branches importantes du commerce d'importation de nos ports. Ils ont des cours mondiaux aussi bien que des produits bruts, tels que les céréales, les graines oléagineuses, les charbons ou la soie.

Mais alors, si on ne les exonère pas comme les matières brutes de la taxe de 1, 10 sur la première vente, les négociants importateurs de nos ports resteront désavantagés par rapport aux négociants établis à l'étranger qui feront eux-mêmes l'importation en France.

Il semblerait donc logique d'étendre l'exonération aux produits fabriqués ou demi-ouvrés.

Mais reconnaissons, toutefois, que les importateurs de vins et de sucres de notre place ont paru se désintéresser complètement de la question.

Seule, la Chambre syndicale des métaux et produits métallurgiques du Sud-Est nous a adressé, le 19 octobre 1921, une demande en vue d'obtenir que les métaux en lingots, barres ou plaques fussent considérés comme matières premières exemptes, attendu qu'on n'importe guère en France de minerais métalliques à l'état brut.

En l'état, nous émettrons le vœu que les métaux en lingots, barres ou plaques soient ajoutés à la liste des produits bruts bénéficiant de l'exonération de la taxe à la première vente.

Certains industriels français pourront se montrer hostiles au dégrèvement d'un produit concurrent. Mais il ne faut pas perdre de vue que la taxe sur le chiffre d'affaires n'est pas un droit protecteur, et qu'il s'agit simplement, en l'espèce, d'empêcher l'élimination des négociants importateurs de France par des maisons établies à l'étranger.

Coopératives.

L'article 4 définit comment est constitué le chiffre d'affaires, notamment en ce qui concerne les Groupements à base coopérative.

« Sont considérés comme intermédiaires, dont le chiffre d'affaires est constitué par le montant des bonis affectés au payement des frais généraux ou non ristournés aux acheteurs, les groupements à base coopérative d'achat entre commerçants, les syndicats agricoles qui achètent et livrent à leurs membres ce qui est nécessaire à la culture, les magasins de gros des sociétés coopératives de consommation. Tous les autres groupements d'achat, syndicats agricoles et coopératives de consommation et de production sont considérés comme se livrant à des opérations rentrant dans la première catégorie ».

« Lorsqu'une personne effectue des opérations rentrant les unes dans la première catégorie et les autres dans la seconde catégorie, son chiffre d'affaires est déterminé en appliquant à chacune des opérations les définitions ci-dessus.

« Si l'impôt a été perçu à l'occasion de ventes ou de services qui sont, par la suite, résiliés, annulés, ou qui restent impayés, il sera imputé de la manière fixée au règlement d'administration publique prévu à l'article 67 sur l'impôt dû pour les affaires faites ultérieurement; il sera restitué si la personne qui l'a acquitté a cessé d'y être assujettie. »

Nous n'avons pas d'observations à présenter à ce sujet.

Location de Villas et Appartements.

L'article 5 étend les taxes de luxe de 3 ou 10 o/o aux locations de villas, d'appartements ou de chambres meublées classés.

Nous n'avons pas non plus d'observations à présenter à cet égard.

Classement des Etablissements de luxe.

L'article 6 introduit dans la Commission de classement des Etablissements de luxe un troisième représentant du commerce intéressé et le Président de la Chambre de Commerce ou son remplaçant. Il permet, en outre, à l'intéressé qui a interjeté appel devant la Commission supérieure de se faire entendre lui-même ou de faire entendre son mandataire (commerçant patenté de la profession, officier ministériel, avocat inscrit) par cette Commission.

Ces dispositions libérales ne peuvent qu'avoir l'approbation de notre Chambre.

A cette occasion nous croyons devoir faire observer, d'après une suggestion de notre Vice-Président, M. Imbert, que l'écart entre le taux de 10 o/o et celui de 3 o/o parait trop considérable, étant donné surtout que le classement d'un établissement dans l'une ou l'autre catégorie est chose parfois très délicate et sujette à erreur. Les Commissions hésiteraient moins à classer dans la catégorie supérieure, si la majoration du taux de l'impôt était moindre. Nous estimerions donc préférable de réduire quelque peu le taux de 10 o/o.

Affaires conclues avant le 1ᵉʳ juillet 1920.

L'article 7 stipule, que lorsque les affaires conclues avant le 1ᵉʳ juillet 1920 ne pourront pas bénéficier de l'immunité, parce que les livraisons auront été effectuées ou les services rendus *après le 1ᵉʳ avril 1921*, l'impôt incombera pour moitié à chacune des deux parties, bien que, cependant, le vendeur ou loueur de services reste seul redevable vis-à-vis du Trésor de l'intégralité de l'impôt.

On a voulu éviter que la taxe qui était imprévue lors de la conclusion de l'affaire retombât exclusivement sur le vendeur. Cette mesure transactionnelle ne peut soulever d'opposition de notre part.

Taxe des petits Commerçants.

L'article 8, que nous devons notamment à l'heureuse initiative, comme simple député, de M. de Lasteyrie, notre Ministre des Finances, remplit le vœu que nous exprimions dans notre délibération du 14 décembre 1920. Il accorde de droit le forfait annuel aux redevables dont le chiffre d'affaires n'a pas excédé, pendant l'année précédente, 120.000 francs, s'il s'agit de redevables dont le commerce principal est de vendre des marchandises, denrées, fournitures ou objets à emporter ou à consommer sur place et de fournir le logement, ou 30.000 francs, s'il s'agit d'autres redevables. Nous eussions préféré 240.000 francs, car, dans les grandes villes comme la nôtre, bien rares sont les magasins d'alimentation qui ne font pas plus de 10.000 francs d'affaires par mois, mais nous nous contenterons provisoirement du chiffre de 120.000 francs, à titre de première étape.

Ainsi que le faisait observer très justement M. de Lasteyrie, l'impôt ne peut être appliqué de la même façon et avec la même méthode au grand commerce et au petit commerce, et le forfait annuel est une simplification à la fois pour l'administration et pour le commerçant.

Le paiement de la redevance forfaitaire devient *trimestriel*; celui de la taxe proprement dite sur le chiffre d'affaires reste *mensuel*.

Nous reconnaissons volontiers que c'est surtout pour les petits commerçants qu'il y a intérêt à ne pas se déranger tous les mois pour payer au fisc 1/12ᵉ de la redevance. Toutefois, par notre lettre du 26 mai 1922, nous avions exprimé au Comité d'Études et de Défense fiscales notre préférence pour la généralisation du paiement trimestriel, et nous persistons à penser qu'il y aurait là une mesure de simplification utile.

A l'occasion de l'extension du forfait jusqu'à 120.000 francs, votre Commission fait observer qu'il y aurait lieu de mettre en harmonie avec le nouveau texte l'article 32 de la loi du 31 juillet 1920 qui oblige tout commerçant faisant un chiffre d'affaires supérieur à 50.000 francs par an à représenter, à toute réquisition des agents du Trésor, les livres dont la tenue est prescrite par le titre II du Code de Commerce.

Forfait pour les Syndicats Agricoles.

L'article 9 établit un forfait spécial de 15 centimes par membre adhérent, en faveur des Syndicats Agricoles communaux ne comptant pas plus de 200 membres, n'ayant pas d'employés salariés et ayant la qualité d'intermédiaire.

Cette disposition a été votée sur l'initiative de MM. Gavoty et de Monicault, en considération de petits groupements agricoles qui ne tiennent point, paraît-il, de comptabilité.

Quoique ce traitement spécial ne nous paraisse pas des mieux justifiés, nous estimons n'avoir pas à prendre partie dans la question.

— 11 —

Pénalités.

L'article 10 modifie les pénalités fiscales établies par l'article 68 de la loi du 25 juin 1920, mais il les modifie dans le sens de l'adoucissement, ces pénalités ayant été, à l'expérience, jugées excessives.

Nous ne pouvons qu'adhérer à cette mesure.

Importations Coloniales.

Une des dispositions les plus importantes du projet de loi, et des plus discutables aussi, est celle de l'article 11, qui vise les importations coloniales.

Le premier alinéa de cet article exempte de la taxe d'importation les produits *agricoles* expédiés d'Algérie, des colonies ou des pays de protectorat et des anciennes colonies allemandes placées sous le mandat de la France, à condition qu'ils soient expédiés *par les producteurs eux-mêmes.*

Cette disposition a pour but de placer le producteur agricole colonial sur le même pied que l'agriculteur Français. Il n'y a pas de raison, en effet, qu'un commerçant Français, achetant du blé ou du vin à un producteur Algérien ou colonial, paye la taxe d'importation de 1,10, alors que, s'il achetait les mêmes produits à un agriculteur métropolitain, il ne payerait rien.

Nous n'avons assurément aucune objection à élever contre cette exonération, mais nous ne nous dissimulons pas que les achats directs à des producteurs agricoles seront rares, hormis le cas de grandes sociétés possédant des propriétés foncières aux colonies.

Nous n'en dirons pas autant du second alinéa du même article. Il exempte de la taxe d'importation les produits agricoles originaires et en provenance directe de l'Algérie.

Ici la condition d'expédition par le producteur lui-même est supprimée. Ce sont donc tous les envois de céréales, de fruits, de vins, de bétail, etc...., effectués par des commerçants ou commissionnaires algériens qui bénéficieraient de l'exonération de la taxe d'importation.

La majorité de la Chambre des Députés qui a voté, par surprise semble-t-il, cette disposition, dans la première séance du 1er juillet 1921, ne s'est probablement pas rendu compte du privilège exorbitant qu'elle conférait ainsi au commerce algérien. En effet, les commerçants ou commissionnaires algériens vendant en France des produits agricoles d'Algérie n'auraient à supporter ni taxe sur le chiffre d'affaires chez eux, ni taxe à l'importation en France. Au contraire, le commerçant ou commissionnaire établi en France et vendant des produits du terroir national aurait à supporter la taxe de 1,10 sur le chiffre d'affaires. Ce serait donc désavantager nettement la production nationale. Une telle disposition nous paraît inadmissible.

Cet inconvénient n'a pas frappé cependant la Société pour la Défense du Commerce qui, dans une délibération du 11 juillet 1922, a demandé, au contraire, l'extension à toutes les colonies du privilège créé à l'Algérie par le deuxième alinéa de l'article 11.

Votre Commission de Législation a estimé qu'elle ne pouvait la suivre dans cette voie. La seule exonération qui n'aurait point d'inconvénient serait celle des produits agricoles coloniaux n'ayant point de similaires en France.

Bien au contraire, à notre avis, la solution la plus équitable, en même temps que la plus rémunératrice pour le Trésor, consisterait à appliquer à l'Algérie et aux Colonies, et à faire instituer dans nos protectorats, la taxe sur le chiffre d'affaires. C'est ce que nous a demandé le Syndicat des Minotiers et Fabricants de Semoules, et il est certain qu'on supprimerait ainsi l'avantage que trouvent sur le marché français les farines, les semoules, les pâtes alimentaires fabriquées dans ces pays. Arrivant en France, elles sont grevées de la seule taxe de 1,10 o/o à l'importation, alors que les mêmes produits fabriqués en France payent, de l'importateur au minotier et de celui-ci au fabricant de pâtes, deux ou trois fois la taxe sur le chiffre d'affaires.

Mais à la Chambre des Députés, où la question a été posée le 30 juin 1921, on a objecté les difficultés d'application de la taxe sur le chiffre d'affaires dans des pays tels que les colonies. Cet impôt semble fait pour des pays parvenus à un stade plus avancé d'organisation commerciale et administrative.

En résumé, votre Commission de Législation estime que tant que la taxe sur le chiffre d'affaires n'aura pas été appliquée à l'Algérie, aux Colonies et aux pays de protectorat, le maintien de la taxe d'importation s'impose, même pour les produits agricoles expédiés par d'autres que les producteurs eux-mêmes.

Elle n'admettrait de dérogation à cette règle que pour les produits agricoles qui n'ont pas de similaires en France.

Elle vous propose de protester contre le privilège accordé à l'Algérie par le deuxième alinéa de l'article 11, et de demander la modification dans ce sens de l'ensemble de cet article.

Exonérations à l'Exportation.

L'article 12 précise et étend les exemptions en matière de vente à l'exportation. L'exemption ne portera plus seulement sur les ventes d'objets ou de marchandises exportés ni sur les opérations de commission ou de courtage afférentes à ces ventes, mais encore sur les « ventes à une personne soumise à l'impôt sur le chiffre d'affaires d'objets ou de marchandises exportés par cette personne dans le délai qui sera fixé par les arrêtés ministériels prévus ci-après ou exportés par le vendeur sur l'ordre de cette personne ».

Au travers de ce texte qui ne brille point par la clarté ni par l'élégance, on comprend que le législateur a voulu résoudre de la façon la plus libérale une question qui s'était posée en matière d'exportation.

On sait qu'une marchandise n'est pas toujours vendue directement à l'étranger par le producteur lui-même, mais l'est souvent par l'intermédiaire d'un négociant ou commissionnaire exportateur. Or dans ce second cas, l'ancien texte ne semblait permettre d'exonérer de la taxe sur le chiffre d'affaires que la dernière vente, celle faite directement à l'étranger. Cependant la vente faite au négociant ou commissionnaire exportateur constitue un échelon normal des affaires d'exportation, et si l'on veut réellement favoriser celles-ci, il importe de la dégrever également de la taxe sur le chiffre d'affaires. C'est ce que le législateur a reconnu et nous ne pouvons que nous féliciter de cette solution.

Circonstances atténuantes.

L'article 13 rend applicable aux contraventions en matière de taxe sur le chiffre d'affaires et de taxe sur les automobiles l'article 23 de la loi du 6 août 1905 qui permet l'admission de circonstances atténuantes.

Nous n'avons naturellement rien à objecter à cette disposition libérale.

Secret professionnel.

L'article 14 astreint au secret professionnel les fonctionnaires appelés à intervenir dans l'établissement, la perception ou le contentieux de l'impôt sur le chiffre d'affaires. Il ne peut recevoir que notre approbation.

Double taxe d'importation.

L'article 15 supprime l'article 12 de la loi du 31 juillet 1920, plus connu sous le nom d'amendement Le Mire, qui doublait la taxe d'importation lorsque le vendeur *était établi à l'étranger*, ailleurs qu'au pays d'origine de la marchandise.

Cette double taxe devient, en effet, inutile, dès lors que l'article 3 du projet de loi exempte de la taxe sur le chiffre d'affaires à la première vente l'importateur de produits bruts établi en France et le met ainsi sur un pied d'égalité avec l'importateur établi à l'étranger (1,10 o/o dans chaque cas).

Conclusions.

En résumé, Messieurs, votre Commission de Législation vous propose :

De donner un avis très favorable aux dispositions du projet de loi qui assujettissent les coopératives à l'impôt, exonèrent les affaires conclues avant le 1er juillet 1920, modifient la composition de la Commission de classement des établissements de luxe, étendent le régime du forfait et les exonérations à l'exportation, abrogent l'amendement Le Mire et exemptent de la taxe sur le chiffre d'affaires la première vente effectuée par l'importateur d'un produit brut,

Mais de demander que l'écart entre les catégories moyenne et supérieure des établissements de luxe soit diminué,

Que le privilège accordé à l'Algérie par le second alinéa de l'article 11 soit supprimé,

Que l'exonération de la taxe sur le chiffre d'affaires à la première vente de marchandises importées ne soit pas strictement limitée aux produits bruts, mais soit étendue à des marchandises qui, comme les métaux en lingots, barres ou plaques, font l'objet d'un important commerce d'importation et servent en réalité de matières premières.

Ce rapport entendu, la Chambre en adopte les conclusions, en félicite l'auteur, M. Louis Bergasse, Secrétaire général, et décide l'impression du dit document ainsi que son envoi aux Pouvoirs Publics, à la Presse, aux Chambres de Commerce et aux principaux syndicats.

Extrait certifié conforme :

Le Président,
HUBERT GIRAUD.

Marseille. — Imprimerie du *Sémaphore*, BARLATIER, rue Venture, 17-19.